AF497878

*Si vis pacem, para pacem.*

# LA PAIX PAR LA SCIENCE

## ET

# LE PROTECTORAT RHÉNAN

PAR

## le Docteur Raphaël DUBOIS

Professeur de physiologie générale à l'Université de Lyon

Directeur du Laboratoire de biologie marine

de Tamaris s/mer

TROISIÈME MILLE

# Allocution de M. Gondoin
## Président de l'Académie du Var,
## Sous-Préfet de Toulon

*Mesdames, Messieurs,*

*En vous remerciant d'avoir répondu en aussi grand nombre à l'invitation de l'Académie du Var, je tiens à vous déclarer, tout d'abord, que la conférence que vous allez entendre n'est point faite pour exciter les passions ni soulever les polémiques parce qu'elle restera jusqu'au bout dans le domaine scientifique. M. Raphaël Dubois, professeur de Physiologie générale à l'Université de Lyon, directeur-fondateur du Laboratoire maritime de biologie de Tamaris-sur-mer et membre d'honneur de notre Académie, a bien voulu accepter de nous exposer ici quelques-unes des conclusions qui lui ont paru devoir être tirées de certains faits étudiés dans le calme et le recueillement du cabinet ou du laboratoire. Je l'en remercie bien sincèrement et je suis persuadé que vous l'écouterez avec le même calme, le même recueillement. La Science plane au-dessus de toutes les querelles, de tous les événements humains, si considérables soient-ils. Cela n'empêche pas d'ailleurs le savant de conserver et d'affirmer à l'occasion sa foi patriotique : vous pourrez le constater tout à l'heure. Et comment M. Raphaël Dubois ne serait-il pas un ardent patriote, lui qui fut collaborateur du grand Français Paul Bert?*

*Je remercie M. le vice-amiral Lacaze, ancien Ministre de la Marine, Préfet maritime et Gouverneur de Toulon, d'avoir bien voulu autoriser l'Académie du Var à placer cette Conférence sous son haut patronage.*

*Et je cède immédiatement la parole à M. Raphaël Dubois.*

# La Paix par la Science

et

# Le Protectorat rhénan

——·=O=·——

I

Celui qui suit d'un œil attentif et exercé le rapide et prodigieux essor de la Science demeure convaincu que tout dans l'Univers obéit à des lois d'une merveilleuse précision, d'une admirable régularité. C'est par leur connaissance que l'astronome peut prédire à une fraction de seconde près la production d'une éclipse, que le physicien, en un clin d'œil, transmet par les ondes électriques, d'un bout du Monde à l'autre, la pensée humaine, que le chimiste joue plus sûrement avec des atomes et des molécules invisibles que le meilleur joueur de billard avec ses grosses boules d'ivoire.

Le code des lois de la Nature nous est encore très incomplètement connu; mais tous les jours, il se complète par quelque nouvelle acquisition due à la méthode scientifique, qui repose à la fois sur l'observation, l'expérimentation et le raisonnement, surtout sur le raisonnement mathématique. En aucun point du globe, on ne conteste la supériorité de cette méthode sur toutes les autres pour la connaissance de la vérité et la marche du progrès.

C'est à elle, en particulier, que l'on doit la généralisation du déterminisme scientifique, qui, en précisant les conditions naturelles ou artificielles de l'accomplissement des phénomènes, permet de remonter des effets à leurs causes proximales ou lointaines.

Pendant très longtemps, on a cru que le déterminisme ne pouvait s'appliquer qu'aux phénomènes d'ordre purement mécanique, physique ou chimique, mais que les êtres vivants n'obéissent point à des règles fixes déterminables exactement. On pensait qu'ils étaient le jouet d'une force capricieuse et fantasque, la *force vitale* et, par un étrange illogisme, que l'Homme, en possession absolue de sa liberté d'action, de son libre arbitre, avait le pouvoir de discerner avec certitude et toujours le bien du mal, d'agir en maître de soi-même et aussi en maître de la Nature. C'est aux biologistes, qui étudient spécialement les êtres vivants, et surtout aux physiologistes, que revient le mérite d'avoir détruit cette double erreur et ramené le libre arbrite, exagérément enflé par l'orgueil humain, à ses justes limites. Cette grande victoire de la vérité sur l'erreur — et celles-là pour être moins retentissantes que d'autres, n'en sont pas moins généralement plus profitables au genre humain — est une victoire française, à laquelle le nom de Claude Bernard est pour toujours attaché. N'est-ce pas cet illustre physiologiste qui, par ses découvertes fondamentales, par ses lumineux écrits, a finalement vaincu toutes les résistances, en prouvant, d'une manière irréfutable et définitive, que les phénomènes de la vie appartiennent, en réalité, à la mécanique générale, qu'ils sont donc, comme les autres, susceptibles d'un déterminisme scientifique rigoureux.

Si la démonstration complète de cette grande vérité est relativement récente, l'idée en est bien ancienne, car elle a été défendue par un sage qui vivait il y a presque 2500 ans et dont le nom est encore aujourd'hui universellement connu. Il s'appelait Pythagore et enseignait que le corps humain est dans une dépendance intime de l'ordre général et que les actions de la vie, ainsi que tous les phénomènes de la Nature, sont réglés par les qualités et les proportions des nombres. D'ailleurs, plus près de nous, le grand génie que fut notre Arago, n'a-t-il pas dit que toutes les lois de la Nature tiendraient un jour dans une formule mathématique !

Tous les phénomènes de la vie, qu'il s'agisse d'une simple fermentation, des battements du cœur, des sensations et même de la pensée, comportent l'idée de temps, de durée et celle d'intensité, de grandeur. Avec ces deux éléments, on peut construire des courbes, qui, comme toutes les autres, sont calculables. Bien plus, grâce à d'admirables instruments enregistreurs, on peut même inscrire dans nos laboratoires directement sur le papier les courbes des phénomènes de la vie. Il n'est plus un biologiste, digne de ce nom, qui puisse, de bonne foi, se refuser à reconnaître que tous les actes des êtres vivants, y compris ceux de l'Homme, soient susceptibles d'être scientifiquement et exactement déterminés quant à leurs causes et aux effets qui en dérivent plus ou moins directement.

La physiologie a détruit encore une autre erreur d'une excessive gravité, commise par le grand anatomiste Bichat, à savoir que la vie est la lutte contre le monde physique. Tout nous prouve, au contraire, que pour fonctionner normalement, l'être vivant doit, non pas entrer en lutte avec le milieu vital, mais s'y adapter aussi exactement que possible. On ne viole pas impunément les lois de la Nature. Ceux qui leur désobéissent par ignorance, inexpérience, imprévoyance, sottise ou orgueil, en sont toujours punis, et souvent cruellement. Le code des lois naturelles comporte des sanctions parfois implacables et terribles : la guerre et la famine, entre autres fléaux de l'humanité, en sont des exemples, comme nous le verrons bientôt.

Il ne faudrait pas confondre cependant le déterminisme scientifique avec un grossier fatalisme. On peut échapper à la foudre en ne se réfugiant pas sous un arbre par un temps d'orage, en mettant un paratonnerre sur sa maison. En agissant ainsi, on ne fait que se servir des lois de la Nature en leur obéissant, mais encore faut-il les connaître et c'est en cela que la Science est bienfaisante, parce que *savoir fait pouvoir*.

## II

Qu'est-ce donc que ce milieu vital, dont nous devons nous efforcer sans relâche, de déchiffrer le code? En réalité, c'est une sorte de trinité composée de trois individualités distinctes, mais si étroitement unies en un tout qu'on ne peut guère les séparer que par la pensée.

Il y a un *milieu antérieur*, celui dans lequel ont vécu tous nos ascendants, et leur origine se confond avec celle du Monde. Il a laissé des empreintes, transmises de proche en proche par les germes qui nous ont donné naissance. Ceux-ci n'ont jamais cessé de vivre un seul instant, de sorte que nous sommes tous vieux comme eux et seulement rajeunis par la fécondation. C'est de ce milieu que sont sortis les caractères ethniques, les qualités et les défauts, les sympathies ou les antipathies entre les races et les nations humaines, les tares et les vertus héréditaires des individus, etc.

Le *milieu intérieur* est limité par l'enveloppe de notre corps: il est plus ou moins normal par suite de l'action périodique ou continue du milieu antérieur, et peut en outre, à chaque instant, être modifié par l'introduction d'éléments étrangers, comme l'alcool, par exemple, ainsi que par tous les poisons sociaux et par les germes des maladies : mais il est surtout influencé d'une manière constante par le *milieu extérieur*.

<h2 style="text-align:center">III</h2>

Pour éviter d'entrer dans des détails que ne comporte pas le temps qui nous est accordé pour cette conférence et pour ne pas abuser de votre si bienveillante attention, je ne vous parlerai que de ce milieu extérieur. Je regrette bien vivement d'être forcé de m'étendre assez longuement sur ce côté du sujet, mais il y a une question de mise au point préalable, qui me paraît nécessaire pour bien faire comprendre ce que, dans mon esprit, sont LA PAIX ET LA GUERRE, la PAIX PAR LA SCIENCE et la nécessité d'un PROTECTORAT RHENAN pour nous procurer une PAIX DURABLE.

Le milieu extérieur n'a d'autres limites que celles de l'Univers: c'est dire que nous ne les connaissons pas. Nous savons cependant qu'elles sont très éloignées. Ainsi le rayon de lumière venant d'une étoile située à des millions de lieues, en tombant dans notre œil, y provoque d'abord une série de réactions localisées dans la rétine. Celles-ci ont une répercussion sur la moelle, sur le cerveau : elles peuvent provoquer dans ce dernier des manifestations psychiques différentes: si ce cerveau est celui d'un poète, il en pourra résulter des alexandrins et s'il s'agit de celui d'un astronome, des calculs compliqués. Inversement, le Ver luisant, cette étoile de l'herbe, envoie dans l'espace des rayons de sa lumière vivante avec une vitesse de 300.000 kilomètres par seconde.

Nous sommes loin de connaître toutes les influences des astres dans la vie: celles qu'exerce la Lune, relativement si près de nous, sont encore mal définies. Nous savons pourtant que c'est d'elle que dépend le phénomène des marées qui a sur la faune et la flore littorales une si grande action. Nous connaissons mieux celles du Soleil. On sait depuis toujours, qu'il nous donne la chaleur et la lumière, sans lesquelles la vie serait impossible; les Anciens l'adoraient. Il exerce sûrement sur les êtres vivants d'autres effets : les taches découvertes à sa surface, passent par des minima et des maxima périodiques qui coïncident avec les déviations minima et maxima de l'aiguille aimantée de la boussole, indiquant la direction et l'intensité si variables des courants magnétiques circulant autour de la Terre, en sens inverse de son mouvement de rotation sur elle-même. Nous vivons donc, en réalité, à la surface d'un gigantesque électro-aimant à perturbations périodiques. Autre coïncidence curieuse : nos poussées coloniales, auxquelles il faut ajouter nos grandes guerres, sont dans un certain rapport avec les maxima des taches solaires. Les minima, par contre, correspondraient aux périodes où s'épanouit la paix, aux dates des expositions internationales. Ce n'est pas tout. Certains staticiens affirment que d'autres cycles encore correspondent à ceux des courants magnéto-électriques du globe: cycles des mouvements économique, littéraire, scientifique, intellectuel, démographique, épidémique, politique et même historique. Vers 1863, Brück soutenait que les faits historiques présentent des cycles quadriennaux, décennaux, trentenaires, séculaires, quinquaséculaires, millénaires, tous en rapport avec ceux des variations magnéto-électriques et, en 1918, E. Millard s'est évertué à prouver l'exactitude des conclusions de Brück

«Les pestes (2), écrivait Brück sont des accompagnements des grands mouvements magnétiques et politiques

(1) Le destin de l'Allemagne d'après le déterminisme historique. 1918.
(2) La grippe dite espagnole a beaucoup de rapport avec la *peste noire*.

et elles ont pour compagnons inséparables les famines, les guerres, les convulsions politiques et les perturbations physiques: tremblements de terre, éruptions volcaniques, etc. Les époques les plus puissantes et les plus splendides sont celles des plus grandes convulsions et des plus grandes perturbations, ce sont les apogées... »

« Les races humaines, les sous-races, et les moindres subdivisions naturelles des populations sont assises dans des régions limitées par des lignes géologico-magnétiques et ces lignes bien définies et scientifiques, aussi bien qu'historiques, ne ressemblent généralement guère à celles créées par la fantaisie et par l'intérêt national. (1) »

Brück appelle « Champ de sang », la limite septentrionale et occidentale magnétique, le « plateau seuil » qui sépare les Celtes des Teutons. Il est limité dans le nord par les champs de Gravelines, de Cassel, de Bouvines, de Lens, de Denain. Son axe est tracé par Azincourt, St-Quentin, Rocroi, Watignies, Valmy, et ses limites méridionales comprennent les champs de Crécy, de Soissons, d'Arcis-sur-Aube et de La Fère-Champenoise. Avant 1914, il y avait eu déjà vingt siècles de luttes, de flux et de reflux sanglants sur cette grève magnétique meurtrière, balancements périodiques et fatals des marées dévastatrices de l'océan humain.

De nombreuses perturbations cosmiques et atmosphériques, comme celles qui ont été relevées avant 1914 par Camille Flammarion, semblent également sous l'étroite dépendance des taches du Soleil et des variations périodiques des courants magnétiques. Un exemple, entre beaucoup d'autres, va nous permettre de montrer quelle influence ces taches peuvent avoir sur les querelles sanglantes des humains. Il y a eu en Algérie, des famines provoquées par des invasions de sauterelles. La faim est mauvaise conseillère. Les Arabes, irrités, sont entrés en révolte contre une administration imprévoyante. On a envoyé des troupes, le sang a coulé de part et d'autre, la Presse a fait grand tapage, le Parlement s'est ému, l'existence du Gou-

---

(1) V. Brück: *Le magnétisme du globe et l'Humanité*, Bruxelles, 1863.

vernement même a été menacé. Mais voici qu'un savant découvre qu'entre les invasions de Sauterelles et les taches solaires il y a une étroite relation. Peut-on nier ici le rôle des influences cosmiques dans ces conflits homicides que sont les révoltes ou les guerres?

Du mouvement de rotation de la Terre sur elle-même dépendent le jour et la nuit pendant lesquels respectivement les êtres vivants se comportent de manière très différente, souvent absolument opposée, tels les végétaux verts qui pendant le jour emmagasinent l'énergie solaire dans les aliments tirés du sol et de l'air, tandis qu'ils la dégagent en partie en les brûlant la nuit. Le reste est consommé par les herbivores qui, à leur tour, nourrissent les carnivores. Le fonctionnement de notre corps, non seulement varie considérablement du jour à la nuit, mais à chaque heure du jour, il change également, ainsi que le prouve la courbe de notre température. Le matin, le milieu du jour, le soir et la nuit sont comme les quatre périodes de notre vie: l'enfance, l'adolescence, l'âge adulte et la vieillesse, comme les quatre saisons: le printemps, l'été, l'automne et l'hiver.

Ces quatre saisons, dues à la translation de la Terre autour du Soleil, quels bouleversements profonds n'apportent-elles pas dans la vie de tous les êtres vivants, en général, et, en particulier, dans celle de l'Homme et des sociétés humaines. Notons seulement les modifications dans l'alimentation, le vêtement, le logement, le travail, le commerce, etc., etc., et même l'idéation. Il y en a de plus remarquables encore: les duels et les suicides sont plus communs au printemps, les crimes, particulièrement les crimes passionnels en juin; les époques de conception et les naissances s'en ressentent également, comme s'il restait dans l'espèce humaine des vestiges des périodes de rut qui, chez certains animaux vivant en société, en troupeaux, chez les cervidés, entre autres, entraînent ordinairement des luttes sanglantes. L'instinct de conservation de l'espèce et celui de la conservation de l'individu, c'est-à-dire les deux grands mobiles de tous nos actes, sont donc modifiés par les saisons. Ce n'est pas tout, les changements de saison correspondent à des modifications météorologiques. Ces dernières, comme les taches du So-

leil, auxquelles elles semblent se rattacher étroitement,
ont aussi des périodes avec des minima et des maxima
Les lois qui les gouvernent sont encore imparfaitement
connues; pourtant elles le sont assez déjà pour éviter
aux Hommes de terribles fléaux. Les avis de prévision
du temps ne sont actuellement qu'à leurs débuts. Le
service météorologique des Etats-Unis, le Weather-Bureau, est organisé et dirigé de façon absolument supérieure et le résultat pratique de ce service de prévision est prodigieux. L'une des Chambres de commerce
des régions agricoles signalait récemment que l'utili-
sation d'un seul des avertissements de Weather-Bureau
avait sauvé d'un désastre, sans cela certain, 12.500.000
dollars de récoltes. En 1910, toutes les prévisions des
gelées ont été exactes et annoncées trente-six heures à
l'avance. La Californie a pu sauver ainsi pour 200 millions de fruits et, au cours de ces dernières années, les
riverains du Mississipi pour 75 millions de bétail
et de denrées par un avertissement fourni huit jours
d'avance.

La prévision du temps à longue échéance revient
à chercher s'il y a dans les phénomènes atmosphériques une loi de périodicité. On peut en dire autant de
la prévision des événements humains .

En voici un exemple emprunté à l'Histoire :

En 1788, année de sècheresse, la récolte en France
avait manqué presque partout. L'hiver qui suivit fut
exceptionnellement dur, la neige ne fit pas son appari-
tion au bon moment, les semailles d'automne gelèrent.
Les Français, toujours imprévoyants, s'étaient préoc-
cupés davantage de mettre de la farine dans leurs per-
ruques que dans leurs greniers. La famine survînt avec
son affreux cortège: misères de toutes sortes, inévi-
tables accapareurs. Le peuple de Paris, affamé, vient
à Versailles demander, menaçant, du pain au Roi. Il
n'y avait pas de pain! La Révolution gronde. Effrayée,
la famille royale appelle l'étranger à son secours. Le
Roi et la Reine sont décapités. La République est proclamée. Elle repousse les envahisseurs de nos provinces
de l'Est et recule les frontières de la France, *sauf
à l'Ouest*. Bonaparte est fait empereur ; il épuise les
forces du pays en marchant vers l'Orient, vers l'Eu-

rope centrale, vers le Nord, vers le Sud, en un mot, dans toutes les directions, *sauf celle de l'Ouest,* où il veut aller pourtant, mais trop tard ! Deux nouvelles invasions venues encore de l'Est par le Nord, succèdent à la première. Son neveu, Napoléon III, nous en vaut une quatrième, partie encore de l'Est, et nous venons d'en subir une cinquième.

On est en droit de se demander si les choses se seraient passées ainsi sans la famine de 1788-89. Or, cette famine était le résultat de mauvaises années de récolte dues à des influences météorologiques, c'est-à-dire à des causes essentiellement cosmiques.

Hier encore, c'était la famine qui causait la Révolution, les guerres de la Première République et de l'Empire, aujourd'hui, ce sont les guerres qui engendrent la famine et la révolution.

De tels faits ne sont pas l'œuvre du hasard et d'ailleurs, les mots *hasard, fatalité,* ne sont-ils pas que des synonymes du mot ignorance ?

Les médecins connaissent tous l'influence des saisons, du temps qu'il fait sur l'éclosion, l'évolution et la propagation des maladies ; que de malades attendent le printemps pour mourir.

La direction dans laquelle se propagent les perturbations météorologiques a une extrême importance. Combien de vies humaines et de richesses n'ont-elles pas été sauvées par la carte des tempêtes, qui permet, non pas de les dominer, mais de les fuir et de leur échapper.

Un jour, on pourra aussi dresser des cartes des *tempêtes humaines.* Elles permettront non seulement de les prévoir, mais encore de les éviter et d'empêcher le retour de leurs désastreuses conséquences.

Les grands fléaux épidémiques, choléra ou peste, nous viennent de l'Orient, où ils sont endémiques. La grippe actuelle, sorte de peste noire, est arrivée chez nous du Turkestan par la Russie. Les invasions de l'est à l'ouest de rongeurs, tels que le Rat brun, le Surmulot, paraissent en relation avec ces dernières épidémies et aussi avec les invasions humaines. TOUSSENEL a écrit: « le Rat dit l'invasion barbare ; telle horde, tel Rat », et n'avons-nous pas eu aussi le rat des tranchées, celui des néo-barbares?

La croyance à l'influence des astres et aux perturbations météorologiques sur les événements humains n'est pas nouvelle: elle est proclamée dans les livres anciens. Dans certains d'entre eux, on trouve des figures fantastiques représentant des éclipses et des comètes, des dessins de pierres tombées du ciel, de tremblements de terre, d'inondations, d'orages de grêle, de halos solaires et lunaires, de tornades, tous associés à des récits de guerres, de massacres, considérés comme signes de la colère céleste et manifestations de la justice divine punissant les prévarications humaines. En dehors de ces explications puériles, auxquelles il n'y a pas lieu de s'arrêter, il ne faut pas oublier que l'astronome Camille Flammarion a fait remarquer qu'avant et depuis le début de la guerre, tous les signes célestes, dont il est fait mention dans les auteurs anciens se sont manifestés, sans pourtant oser conclure à des relations de cause à effet. Pythagore eût été sans doute plus affirmatif.

Cette question, on le conçoit aisément, est d'une importance capitale pour la FIN DES GUERRES ou L'ETABLISSEMENT D'UNE PAIX DURABLE, *car il faudrait être fou pour se battre quand on est certain que les malaises sociaux ou internationaux dépendent des influences cosmiques.* Les fous ne tiennent, en effet, pas compte de tout cela, parce qu'ils ne savent pas. A l'approche des orages, les aliénés réunis dans les asiles, les lunatiques, comme on les appelle en Angleterre, poussent des clameurs terribles et entrent dans un état d'extrême agitation. Par la prévision du temps, on peut même arriver à prévoir certaines manifestations individuelles. La mentalité des neurasthéniques et même d'autres malades : rhumatisants, goutteux, anciens blessés, est parfois profondément modifiée quand le temps va changer. Il en est de même de simples nerveux et des hommes de génie. Diderot disait: « Il me semble que j'ai l'esprit fou dans les grands vents » et Alfiéri: « Je me compare à un baromètre: j'ai toujours éprouvé une plus ou moins grande difficulté à composer suivant l'état de l'atmosphère, une stupidité absolue quand soufflent les grands vents des *solstices* ou des *équinoxes,* une pénétration plus grande le matin que le soir ». Les diplomates sont gens très nerveux: qui sait quel était l'état du milieu extérieur au moment où Bismarck falsifiait la fameuse dépêche d'Ems pour décider un empereur hésitant à faire s'entretuer des millions d'hommes? Et aussi quel était son milieu intérieur, que l'on prétendait être ordinairement fortement imprégné d'alcool et autres poisons sociaux. Que ne peut-on supposer quand on constate que personne ne veut accepter la responsabilité de la monstrueuse guerre qui vient d'ensanglanter le monde et que l'on pourrait appeler, pour ce motif, la « *guerre des irresponsables* ». On a affirmé que d'autres faussaires auraient, en 1914, suivi l'exemple de celui que l'Allemagne avait presque divinisé. On frémit d'horreur quand on pense que la vie de millions d'êtres humains peut être à la merci de quelqu'impulsif plus ou moins barométrique, d'un fou ou d'un alcoolique. *C'est la condamnation sans appel de la diplomatie secrète.*

D'ailleurs, il est avéré que même des collectivités humaines, composées d'individus sains, n'échappent pas aux influences cosmiques ou météorologiques passagères. Des maîtres de nos écoles primaires m'ont affirmé que la tenue de leurs élèves en classe variait suivant que la colonne du baromètre montait ou descendait : très agités dans certains cas, ils se montraient fort apathiques dans d'autres, au moment des fortes variations. N'en serait-il pas de même dans les grandes assemblées délibérantes et serait-il hors de propos de joindre le tracé d'un baromètre enregistreur au compte rendu des séances? ou encore au jugement d'un tribunal ?

Rappelons, enfin, avec Ballay, que « le climat maîtrise les êtres par la température et les idées par le caractère qu'il imprime ».

Des différences de température résultant de la diversité des climats et des saisons naissent de grands courants aériens ou marins qui commandent aux migrations périodiques des Oiseaux et des Poissons. Les climats ont eu manifestement par leurs changements, dans les temps préhistoriques surtout, une influence marquée sur les émigrations des plantes, des herbivores qui s'en nourrissent, des carnivores et des hommes qui les suivent.

A l'époque de la « pierre taillée », le climat de la France était tropical. Il s'est refroidi et alors ont apparu les Hommes de la période du Renne, c'est-à-dire ceux de l'âge de la « pierre polie », bien différents des premiers. Ces deux expressions: âge de la pierre taillée, âge de la pierre polie, sont impropres en ce sens que l'on a retrouvé en Australie des indigènes présentant les caractères ethniques des hommes paléolithiques et se servant encore d'armes et d'ustensiles de silex taillé en tout semblables à ceux des habitants primitifs de la France, tandis qu'en Nouvelle-Calédonie, l'industrie de la pierre polie fournissait aux indigènes, au moment de l'arrivée des Français, des objets très analogues, parfois même tout pareils à ceux de la période néolithique de nos contrées. Pour des raisons que je ne puis développer, j'ai soutenu, il y a fort longtemps, contrairement à l'opinion générale, qu'il n'existe pas d'espèces ou de races autochtones, que les êtres n'ont cessé de se déplacer autour du globe, depuis le début de leur évolution. Pour beaucoup d'entre eux, l'exactitude de cette opinion a été vérifiée, et, si, pour d'autres, elle ne l'a pas encore été, c'est parce que la forme des continents ayant changé dans le cours des temps, les vestiges des étapes successives des êtres n'ont pu être suivis, beaucoup étant enfouis sans doute au fond des mers. Enfin, certaines émigrations ont pu être empêchées ou déviées plus ou moins fortement par des obstacles physiques: océans, montagnes etc.

Le point important à retenir, c'est que les couches géologiques paraissent se recouvrir à la manière d'un ruban enroulé sur un cylindre, fait indiquant déjà la *circulation des êtres vivants autour du globe*.

En ce qui concerne les premiers Hommes, ils semblent être venus dans nos contrées en marchant de l'Orient vers l'Occident. Récemment, on a découvert à Java les restes d'un squelette d'un grand singe anthropomorphe, *Pithecanthropus*, aujourd'hui disparu, que les paléontologues considèrent comme l'ancêtre des hommes préhistoriques.

Il est possible que les changements survenus dans les climats, que les nécessités de l'alimentation aient contribué à ces migrations, mais il n'est pas douteux que d'autres facteurs cosmiques sont intervenus et d'une manière absolument prépondérante.

## I V

 Qu'on me pardonne ce long préambule certainement superflu pour ceux qui sont rompus à la pratique de la méthode scientifique et du déterminisme, c'est-à-dire de la philosophie naturelle. Peut-être n'en est-il pas de même pour les esprits qui subissent encore l'empreinte atavique, ou acquise par l'éducation, du finalisme, de l'anthropocentrisme, de l'anthropomorphisme. Les savants ne croient plus, comme au Moyen-Age, que la Terre est le centre du Monde, que sur cette Terre habite un Etre vivant absolument distinct des autres, qui loin d'être soumis à la Nature et à ses lois, est appelé à les dominer, à les commander parce qu'il est le Roi de la Création et qu'il est seul capable de discerner le bien du mal, de ne faire que ce qu'il veut bien, étant le Maître de soi-même et des autres êtres. Pouvons-nous ne pas reconnaître l'aboutissant inquiétant de cette croyance moyenâgeuse, orgueilleuse et dominatrice, de cette idée de prédestination chimérique dans le mystique féroce, héritier des moines guerriers de l'ordre teutonique — croisés honteusement chassés de la Palestine par les Turcs, tortionnaires et exterminateurs impitoyables de ces Borusses, agriculteurs paisibles et d'autres habitants primitifs de la Prusse, — qui, au nom d'un « vieux Dieu », créé à son image, vient d'ensanglanter le Monde et de déshonorer l'Humanité, sous prétexte de la régénérer? Ce mauvais génie de l'Allemagne a voulu brusquer l'avènement de l'unité mondiale par des moyens barbares, alors qu'elle n'est possible que par la Science. « La terre ne doit avoir qu'un maître, comme il n'y a qu'un Dieu dans le ciel », disaient le cruel Gengis-Khan de même que son descendant et émule Tamerlan et ils n'ont su que l'inonder de sang! Ainsi devait penser aussi Attila, qui s'intitulait « le fléau de Dieu ». Fatalement une violence dans un sens provoque une réaction contraire; les victimes d'autrefois crient aujourd'hui: « Ni Dieu! ni Maître ! ».

Le déterminisme ramène à des limites plus précises, plus rationnelles le domaine du Libre Arbitre singulièrement amplifié par l'ignorance et par l'orgueil. Il rend l'Homme plus parfaitement humain, plus équitable, plus indulgent, en lui faisant comprendre l'étroite dépendance de l'individu et des collectivités humaines, vis-à-vis des conditions du milieu extérieur, du milieu intérieur et du milieu antérieur ou héréditaire. Mais, en outre, il astreint celui qui veut en tirer quelque profit, à faire abstraction de ses sentiments personnels, subjectifs, de son imagination, pour ne se placer qu'au point de vue objectif. Il ne suffit pas au savant de croire, il doit démontrer. La passion est l'ennemie de la raison si belle, si généreuse, si désintéressée qu'elle puisse être. Il nous faudra donc, pour rester scientifiques, envisager la vérité, en face, froidement et savoir avec calme et méthode prendre les résolutions qu'elle nous suggèrera.

## V

*Aujourd'hui encore, la France, malgré ses victoires successives, est toujours en présence d'un IMMENSE DANGER, dont les effets se sont fait sentir depuis le commencement de l'Histoire et même pendant la période préhistorique.*

Les peuples se meuvent à la surface du globe, mais ils ne se meuvent pas d'une façon quelconque, capricieuse et fantasque, au gré de ceux qui croient les gouverner, sans règle, sans loi, contrairement à tout ce qui se passe dans l'Univers. Comme je pense l'avoir démontré, les Hommes sont des êtres vivants soumis, comme tous les autres, aux lois de la biologie, c'est-à-dire de la mécanique générale. Il serait, d'autre part, absurde de ne pas admettre que la sociologie, nationale et internationale, soit une branche supérieure de la biologie ou science des êtres vivants. Ce sont bien des biologistes qui, dans le monde animal proprement dit, étudient les collectivités des animaux socialistes, tels que les Fourmis, les Abeilles, le fonctionnement des troupeaux d'herbivores et les sociétés de Singes; pourquoi n'en serait-il pas de même pour celles des Hommes ?

Nous avons donc le droit et même le devoir de faire entendre notre opinion dans toutes les questions sociales, nationales ou internationales, mais nous ne devons intervenir qu'à la condition de nous soumettre à la plus stricte discipline de la méthode scientifique.

Pour nous renseigner sur l'origine, les causes, la nature, l'importance, les conséquences des déplacements des Hommes à la surface du globe, nous devons nous appuyer sur les trois supports qui forment le trépied du déterminisme scientifique et qui sont: l'observation, l'expérimentation et le raisonnement.

Adressons-nous d'abord à l'observation.

En ce qui concerne les Hommes préhistoriques, nous savons qu'ils sont arrivés par ondes ou flots successifs, que lorsque l'un apparaissait l'autre disparaissait plus ou moins complètement, plus ou moins rapidement par émigration ou par extermination. On a la preuve matérielle que les Hommes se faisaient déjà la guerre dès l'époque de la pierre taillée en Europe, et que l'«âge des cavernes » n'était nullement l'«âge d'or » des pseudo-savants qui étudient la paléontologie dans les poètes latins.

Mais, pour plus de certitude et de clarté, laissons de côté la préhistoire pour ne considérer que l'histoire. Que nous dit-elle? Veuillez diriger vos regards vers cette carte des invasions barbares en Europe. Elle a été empruntée au savant anthropologiste de Cambridge, M. HADDON, et fidèlement reproduite par M. DUYEN, habile dessinateur annamite de l'Arsenal de Toulon. A cette occasion, nous ne saurions remercier assez M. l'Ingénieur général MAUGAS et M. BERTRAND, Ingénieur en chef des Constructions navales.

Vous serez frappés de ce fait que toutes les grandes invasions sont dirigées de l'Orient vers l'Occident,

du levant vers le
couchant, de
l'Asie vers
l'Europe.

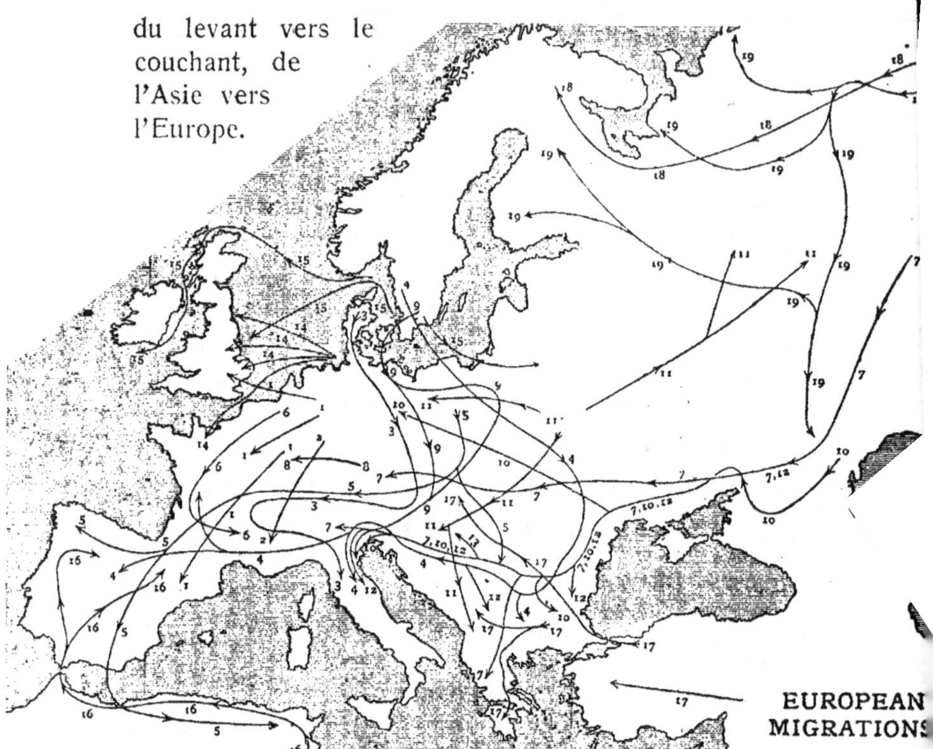


Voyez le trajet suivi par les Celtes (1), les Volsques (2),
les Cimbres (3), les Goths (4), les Vandales (5), les
Francs (6), les Huns (7), les Burgondes (8), les Lom-
bards (9), les Avares (10), les Slaves (11), les Bulga-
res (12), les Hongrois avec les Magyars (13), les Saxons (14), les Scandinaves (15), les Arabes (16), les Turcs
(17), les Samoyèdes (18), les Finnois (19). Tous ces
peuples sont d'origine asiatique.

Sans doute, ces courants ethniques ont subi dans
leurs cours de nombreuses déviations: ils ont, dans
beaucoup de cas, obéi à la loi du moindre effort, parce
qu'ils trouvaient une résistance invincible de la part
des premiers occupants, d'où des luttes sanglantes et
des désastres effroyables. D'autres fois, ils se sont
heurtés à des obstacles physiques infranchissables pour
eux. C'est ainsi que les Francs et les Visigoths ne pouvant franchir la mer, descendirent vers le sud, tandis que

les Celtes, les Anglo-Saxons, les Scandinaves, parmi lesquels les Normands, envahissaient les îles de la Grande-Bretagne en se dirigeant de l'est à l'ouest. D'autres durent rebrousser chemin, comme les Huns, qui, venus directement du voisinage de la mer Caspienne au centre de la France, furent refoulés jusqu'aux bords du Danube, grâce à la réaction des armées réunies des Visigoths d'Espagne, des Francs et des Latins ; comme aussi les Mongols, qui, après la terrible bataille de Vahlstadt, en 1241, étendaient leur empire de la Chine jusqu'aux frontières de la Pologne et de l'Allemagne (1). De même enfin, aujourd'hui, les armées de l'arrière-ban des Germains, reculent devant les forces alliées des Anglo-Saxons d'Angleterre et d'Amérique, des Français, des Italiens et même des Portugais, auxquels il est juste pourtant de joindre les Africains.

Plus exceptionnellement, certains envahisseurs furent anéantis sans retour, comme les Cimbres et les Teutons de Teutobochus par les soldats de Marius, en Provence. On ne peut étudier en détail ici, toutes les anomalies, les irrégularités de ces trajectoires. Ce qu'il faut retenir, c'est que *dans leurs grandes lignes,* elles sont principalement orientées de l'Orient vers l'Occident, de l'Est vers l'Ouest.

---

(1) **Note de l'Auteur.** — Les Mongols ont envahi la Chine et s'y sont maintenus pendant un siècle; mais il semble que ce n'ait été qu'un lieu de passage pour se diriger vers l'Occident, les autres routes étant fermées par des régions désertiques ou des massifs montagneux.

La fameuse muraille de Chine dirigée de l'est à l'ouest ne constitue pas une objection sérieuse contre le sens général des grands mouvements ethniques: elle était bien insuffisante pour s'y opposer et semble avoir eu pour unique objet de mettre un obstacle aux incursions répétées de tribus nomades de pasteurs qui venaient piller les Chinois agriculteurs: C'est une sorte d'enclos. Les peuples venus d'autres directions que de l'est en Chine et dans les Indes Asiatiques, paraissent s'être fondus dans les deux peuples beaucoup plus importants habitant déjà ces régions et que certaines indications permettent de considérer comme originaires de l'Amérique du Nord pour la race jaune, et des Indiens de l'Amérique Centrale pour les Indes Asiatiques.

En tous cas, c'est de l'est, c'est-à-dire du Japon, que s'est toujours exercée et que s'exerce encore la pression la plus inquiétante pour la Chine.

Il est une autre remarque qu'elles nous suggèrent, à savoir leur persistance à se maintenir dans les pays où elles ont abouti. On n'en saurait dire autant, en général, des invasions qui ont suivi des directions plus ou moins contraires à celles des grands courants humains. Beaucoup même n'ont eu qu'une durée relativement éphémère, par exemples celles des Arabes en Espagne et en France, des Carthaginois, des Romains dans les Gaules et en Angleterre, des Espagnols dans les Flandres, des Anglais en France; mais l'exemple le plus frappant est celui que vous voyez sur cette autre carte représentant les huit croisades, entreprises par la fine fleur des chevaleries latine et germaine, qui allèrent toutes piteusement échouer d'Occident en Orient (1). Bonaparte n'avait-il pas rêvé aussi de ressusciter l'empire d'Alexandre de l'Hellespont à l'Himalaya? Enfin, ne venons-nous pas d'assister à l'effondrement lamentable du fameux et colossal projet teutonique moderne des « huit B : Berlin, Budapesth, Belgrade, Bysance, Bagdad, Bassora, Bahrein, Bombay »? La poussée finale s'est faite en sens inverse, de l'est à l'ouest. On peut, soit dit en passant, se demander si ce ne fut pas une faute politique que d'empêcher les Allemands d'aller coloniser la basse Asie, car l'Orient a toujours été à la fois le berceau et le tombeau des envahisseurs venus de l'Occident.

Ce n'est pas tout : Je viens de dire que le courant de migration des peuples envahisseurs vers l'Occident avait été gêné par la mer et que cet obstacle avait provoqué des déviations vers le sud dans les temps barbares. On en pourrait dire autant à propos de l'invasion allemande actuelle visant principalement l'Angleterre, pour s'emparer de son hégémonie des mers, et qui, avant de rencontrer l'Océan et la flotte britannique, s'est heurtée à la digue des pays neutres. Celle-ci avait été créée par la politique de la Grande Elisabeth d'An-

(1) **Note de l'Auteur.** — Cette carte a paru dans *La Science et la Vie*, dans notre article du 27 juillet 1916. *Les Origines naturelles de la Conflagration européenne*.

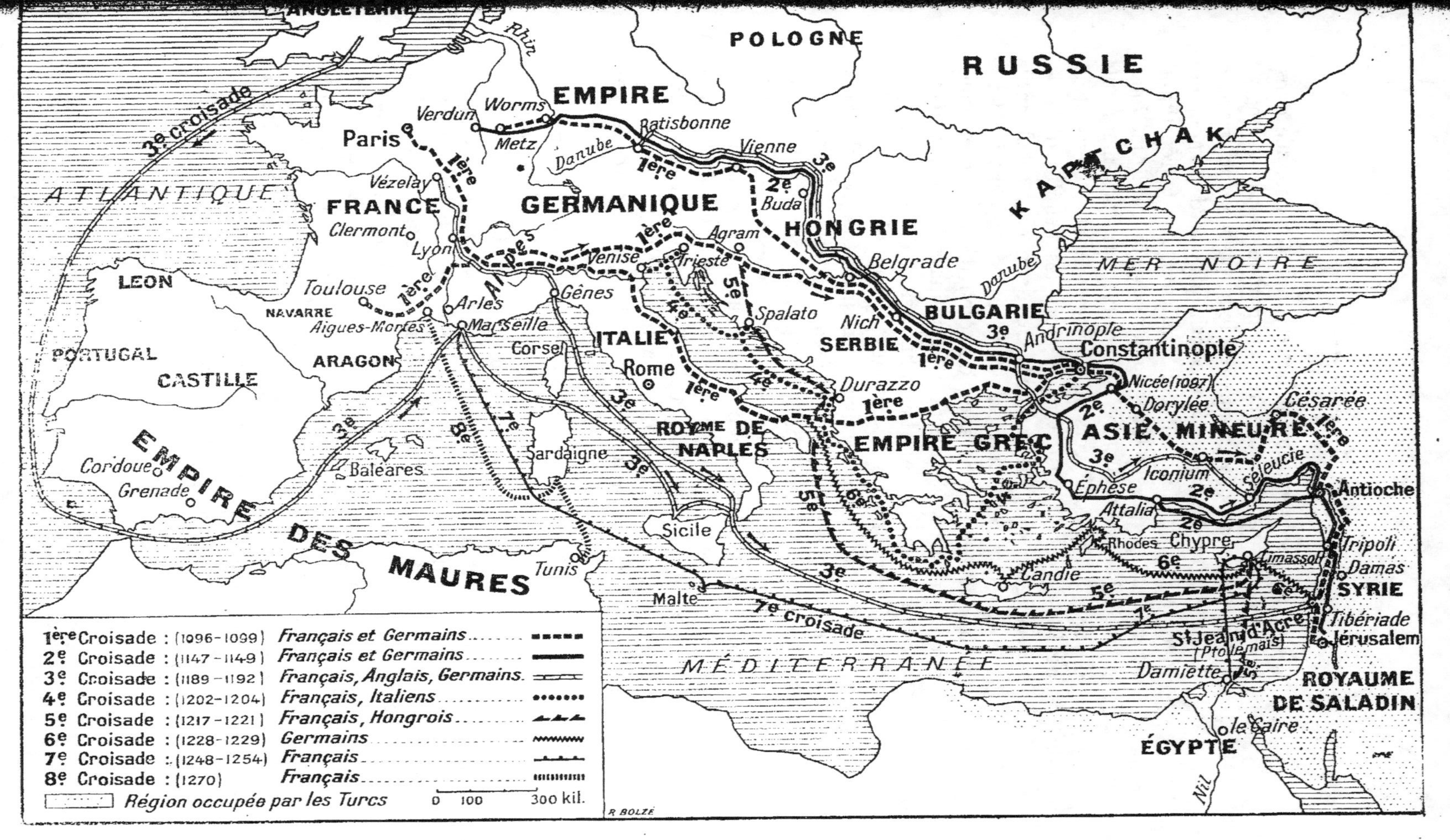


| 1ère Croisade : (1096-1099) | Français et Germains |
| --- | --- |
| 2e Croisade : (1147-1149) | Français et Germains |
| 3e Croisade : (1189-1192) | Français, Anglais, Germains. |
| 4e Croisade : (1202-1204) | Français, Italiens |
| 5e Croisade : (1217-1221) | Français, Hongrois |
| 6e Croisade : (1228-1229) | Germains |
| 7e Croisade : (1248-1254) | Français |
| 8e Croisade : (1270) | Français |

Région occupée par les Turcs

0   100   300 kil.

R. BOLZÉ

gleterre et soigneusement entretenue et consolidée dans tous les temps, pour arrêter la marche envahissante de l'arrière-ban des Germains et leur passage au travers de la « *Mer Germaine* » qui prit plus tard le nom de Mer du Nord. Ce n'eût été d'ailleurs que la répétition de ce qui se passa après la découverte de l'Amérique par Christophe Colomb, quand la route des mers fut ouverte à l'Europe vers le Nouveau-Monde, c'est-à-dire de l'Est vers l'Ouest. On vit alors les peuples d'Europe émigrer vers le nouvel Occident et s'échelonner sur le Nouveau-Continent dans un ordre aussi admirable que celui d'un rayon de soleil décomposé et étalé par le prisme sur un écran: Scandinaves dans l'extrême nord, Français et Anglais plus bas, au Canada et aux Etats-Unis; plus au sud, des Espagnols, des Portugais, et même des Italiens. Enfin, dans ces derniers temps, n'avons-nous pas cherché à percer l'isthme de Panama pour aller, par nos possessions océaniennes, rejoindre celles que nous avons acquises en Extrême-Orient. Si les jaunes n'ont pas réussi à envahir la Californie, n'a-t-on pas vu, au contraire, les Américains s'emparer des Philippines, les Japonais chasser les Russes de la Corée; ils sont actuellement en Sibérie, tandis que les Chinois viennent de s'emparer de la capitale du Turkestan.

Est-il nécessaire de rappeler que nos provinces de l'est et du nord ont été cinq fois envahies dans un peu plus d'un siècle, que l'Allemagne et l'Autriche n'ont reculé vers l'est qu'après s'être avancées vers l'ouest, ainsi d'ailleurs que la Bulgarie; que les Turcs ont été refoulés surtout par des armées venant de l'Arabie et par le Golfe Persique des Indes anglaises. Tandis que les tentatives des troupes alliées du côté des Dardanelles et de la côte turque d'Asie ont échoué, l'armée de Salonique a reconquis la Serbie, qui va s'ouvrir un débouché vers l'Adriatique, comme la Pologne vers la mer Baltique. La Roumanie a envahi la Transylvanie, et alors que la Russie aurait dû marcher directement à l'ouest, c'est-à-dire de Varsovie vers

Berlin, elle est allé s'épuiser dans les Carpathes. On sait le reste. Et, chose curieuse, si l'on examine sur notre carte le sens de leurs migrations anciennes, on voit qu'elles se sont faites dans trois sens principaux: vers l'ouest, vers le sud-ouest et vers la nord-est, d'où peut-être leur triste défection récente; la race slave ne paraît pas avoir d'orientation bien fixe quant à ses migrations: on en pourrait dire autant de sa mentalité. On constate bien d'autres exceptions à la grande loi de migration des peuples. Ces anomalies ne sauraient pas plus infirmer sa valeur qu'une éclipse ne peut prouver que la lumière du jour ne nous vient pas du soleil. Les lois ne comportent pas cependant, à proprement parler, d'exception, mais plusieurs de ces lois peuvent se combiner pour modifier l'effet de l'une d'elles considéré isolément. Un système de forces variables engendre des résultantes également variables.

On a essayé d'expliquer les déplacements des Hommes par des raisons très diverses, qui toutes, en effet, peuvent avoir exercé une certaine influence dans des cas particuliers, mais non sur l'ensemble. En premier lieu, on a fait intervenir des considérations géographiques; à proprement parler, on aurait aussi bien pu dire cosmiques, car la diversité en apparence si grande de la surface de la terre, tient à des influences cosmiques, dont quelques-unes sont déjà connues. C'est ainsi que l'éminent géographe français SCHRADER fait remarquer que la plus ancienne des grandes invasions constatées, celle qui amena de l'est les populations néolithiques, succéda de près au retrait des grands glaciers quaternaires, et semble avoir été la conséquence du desséchement croissant de l'Asie centrale, combiné avec l'amélioration du climat de l'Europe. L'importance du climat sur le comportement des êtres vivants, nous l'avons dit, est incontestable; mais si cette influence climatérique peut, par exemple, expliquer la répartition des diverses races européennes à la surface du Nouveau-Monde, elle ne suffit pas à expliquer pourquoi la formidable poussée de son invasion par les Européens s'est faite de l'est vers l'ouest. Certes, on ne saurait nier l'influence des conditions géographiques sur la direction des migrations humaines : j'ai déjà parlé des déviations vers le sud résultant de l'obstacle de l'Océan, infranchissable pour les peuples barbares. Mais les chaînes de hautes montagnes ont pu aussi faire dévier certaines veines de grands courants humains, comme celles des fleuves, vers des vallées ou des plaines, en vertu de la loi du moindre effort; sans doute, la recherche d'un climat plus favorable, la séductrice attraction du soleil, les richesses a piller, la densité trop grande de la population, la faim, ont dû être des facteurs importants dans l'étude du problème qui nous intéresse. Il est certain que les Hommes primitifs étaient surtout chasseurs et que les richesses naturelles, en un même point, sont vite épuisées; il fallait conquérir de nouveaux territoires de chasse. Plus tard, devenus pasteurs, ils sont restés nomades, à la recherche de pâturages non épuisés et enfin, éleveurs et agriculteurs, sédentaires, ils ont sans cesse été exposés aux agressions pillardes des vagabonds. On a fait intervenir également les relations commerciales, l'humeur aventureuse de chefs qui, en réalité, comme tous les chefs, ne faisaient qu'obéir aux masses qu'ils croyaient commander. On a vu aussi, ne l'oublions pas, de grandes invasions anéanties comme celles des Cimbres et des Teutons, et d'autres rebrousser chemin sous l'effort adverse de forces humaines, comme celles des Huns. Ce sont là des exceptions. Pour la même raison, on doit laisser de côté toutes les causes proximales, purement occasionnelles, qui sont ce que l'amorce est à la poudre. Ce sont celles, pourtant, dont on s'occupe généralement d'une manière exclusive. Au contraire, ce sont les causes lointaines, originelles, qui me préoccupent, les racines profondes et non les fleurs de sang de cette herbe de mort qu'on appelle la guerre.

Les antipathies ethniques, ataviques, les rancunes héréditaires, les questions d'héritage, les concurrences économiques, les malaises financiers, les agissements des castes militaires, religieuses, sociales, les opérations empiriques des diplomates, lesquels ressemblent fort à ces médicastres qui soignent des maladies dont ils ignorent la cause et la nature, avec des remèdes dont ils ne connaissent pas l'action. Ce sont seulement, à mon sens, des épiphénomènes issus secondairement de phénomènes naturels et d'ordre fondamental, comme la guerre elle-même.

De toutes les explications proposées pour les déplacements des peuples, aucune n'est susceptible de généralisation et ce qui uniquement se dégage nettement et que *nous ne devons jamais oublier*, c'est *qu'il s'est exercé d'une manière constante depuis les âges préhistoriques, une pression continue dirigée de l'est vers l'ouest, ou du nord-est vers le sud-ouest, menaçant finalement de jeter les Français à la mer ou de les asservir et qu'il y a lieu d'en chercher sans retard la cause et le remède. Ce sera le seul moyen d'avoir une paix durable, une paix qui ne soit pas, comme tant d'autres, seulement la période d'incubation d'une autre guerre, la période silencieuse pendant laquelle monte peu à peu l'étiage des grands courants humains, jusqu'à ce qu'ils rompent avec fracas digues et barrages pour inonder de sang les pays envahis.*

V I

Voilà ce que nous dit l'*observation* dans le temps et dans l'espace : voyons maintenant, ce que va nous donner l'*expérimentation*.

Au début de cette conférence, je vous ai montré, par quelques exemples, choisis entre mille autres, combien est universelle et considérable l'influence des agents cosmiques sur les êtres vivants, en général, sur l'homme, en particulier : combien puissante est, entre toutes, celle de la rotation de la Terre sur elle-même et des autres phénomènes qui s'y rattachent. N'est-il pas curieux de constater que les grands courants humains, considérés dans leur ensemble, et spécialement dans notre hémisphère, ont marché en sens inverse du mouvement de rotation de la Terre, c'est-à-dire de l'Orient vers l'Occident, à contre-mouvement, en *anticinèse* (du grec *anti* contre, et *cinesis* mouvement) du mouvement giratoire qui nous entraîne avec une si vertigineuse rapidité. A celui-ci, nous sommes adaptés, accoutumés et tellement que nous n'y faisons aucune attention. Mais on peut se demander si un mouvement de rotation inaccoutumé, n'aurait pas une influence sur les phénomènes de la vie.

Les physiologistes ont depuis bien longtemps démontré l'action de la pesanteur et de la force centrifuge terrestre sur le développement des végétaux placés sur des disques tournants, et pour la première fois, il y a bien des années, j'avais fait des expériences de même ordre sur des animaux. Le temps me manque pour faire ici l'historique de leur évolution. Je me bornerai à dire que dans ces dernières années, je les ai reprises au Laboratoire de biologie de Tamaris-s-mer. Il résulte de ces expériences, en résumé, que si l'on place des animaux aquatiques dans un vase cylindrique animé d'un mouvement de rotation de vitesse convenable, ces animaux se mettent à progresser en sens inverse de la force qui tend à les entraîner. La force d'inertie n'y est pour rien, les animaux morts ne se comportant pas comme les vivants. Le choix, l'habitude, l'instinct ou le raisonnement n'entrent pas en ligne de compte dans cette manifestation, car une Anguille décapitée se conduit exactement comme si elle n'avait pas perdu la tête. De même, les animaux non aquatiques volent ou marchent à contre-mouvement, comme faisaient instinctivement beaucoup de gens sur le grand trottoir roulant de l'Exposition Universelle de Paris, en 1900. Les pointes des racines des plantes mises en expérience, se sont dirigées dans le même sens que les animaux entiers ou des fragments d'animaux. Un obstacle placé devant les sujets progressant en anticinèse, les fait dévier, mais ne les arrête pas, s'il peut être tourné.

Mes expériences ont fourni encore d'autres notions importantes.

Toute réaction physiologique aboutit à de la fatigue, quand l'expérience se prolonge ou quand les conditions extérieures de fonctionnement physiologique sont devenues mauvaises : insuffisance de nutrition, etc. On voit alors la vitesse de progression anticinétique diminuer. Puis, bientôt, se produisent des arrêts, ou repos, la tête toujours tournée en *anticinèse*. Ces arrêts, la fatigue augmentant, deviennent de plus en plus fréquents, de plus en plus prolongés. Plus tard encore, l'animal ne lutte plus, il s'arrête définitivement, mais la tête toujours tournée en anticinèse; enfin, dans l'extrème fatigue, ou un peu avant la mort, l'animal se retourne, la tête tournée dans le sens du mouvement et se met à progresser dans ce même sens: c'est ce que j'ai appelé la marche en *homocinèse* (du mot grec *homos* même, et *cinesis* mouvement). Cette dernière peut être provoquée d'emblée par un poison ou un stupéfiant, tel que la cocaïne ou l'alcool.

Nos ennemis se sont-ils comportés autrement? Ils ont d'abord marché directement vers l'ouest pour atteindre la Mer Germaine et de là l'Angleterre. Combien de fois n'a-t-on pas lu dans les journaux, cette phrase lapidaire: « Quelle est donc cette *force aveugle* qui pousse les Allemands vers Calais et pourquoi s'obstinent-ils toujours à combler l'Yser de leurs innombrables cadavres ? ». La science expérimentale ne nous montre-t-elle pas clairement qu'ils étaient poussés par une force aveugle, en effet, comme celle qui pousse les Insectes nocturnes à se brûler les ailes aux feux de nos lumières, les Oiseaux à se briser la tête contre les phares, les Mouches à se ruer obstinément sur une vitre. Ceci est une explication et non une excuse. Ils ne rêvaient rien moins, ces envahisseurs impulsifs, que d'enlever à l'Angleterre son hégémonie des mers « leur avenir étant sur l'eau » puis, par ce moyen, d'avoir l'hégémonie terrestre et de devenir les maîtres du Monde.

Le flux nouveau de l'arrière-ban des néo-barbares ne pouvant, de même que celui de leurs ancêtres barbares, franchir la mer, submergea le nord et le nord-est de la France, s'avançant vers le sud jusqu'auprès de Paris. Malheureusement pour eux, dans leur « attaque brusquée », nos ennemis ont méconnu les principes les plus élémentaires de la biologie: Ils n'ont tenu aucun compte de ce qu'exige le bon fonctionnement de la machine humaine. La fatigue, résultant de leur trop rapide progression, de la nourriture mauvaise et insuffisante, de la privation de sommeil et surtout de la résistance indomptable qui, tout en reculant, ne cédait pas, devait transformer bientôt leur marche anticinètique déviée en une retraite en homocinèse. Ce résultat était d'autant plus fatal, qu'aux causes que je viens d'énumérer, il faut ajouter les excès de toutes sortes, notamment le pillage des caves et l'ivrognerie teutonne, qui n'ont pas été sans influence sur notre victoire de la Marne, comme pouvait le faire prévoir l'action de la cocaïne et de l'alcool provoquant l'homocinèse chez nos animaux. Plus tard, les envahisseurs ne se sont-ils pas encore comportés comme nos sujets en expérience ? C'est pourquoi je n'ai jamais cessé de préconiser la résistance prolongée à l'Occident, pour user la force anticinétique de l'agresseur et le repousser finalement en homocinèse. C'est pourquoi encore j'ai conseillé la marche des armées de Salonique, non pas vers l'Orient, où nous n'avions subi que des échecs, mais vers l'Occident, dans le même sens que la poussée qui s'exerçait sur la Turquie d'Asie par les troupes venues des Indes et de l'Arabie. L'adversaire pris ainsi entre l'enclume et le marteau, devait céder, selon moi, et c'est, en effet, ce qui se produit en ce moment. Il est bien regrettable, comme **je l'ai dit aussi, que,** dès le début de la guerre, **les Russes n'aient pas marché** directement vers l'ouest, c'est-à-dire de Varsovie sur Berlin.

La marche actuelle vers l'est des Anglo-Saxons d'Angleterre et d'Amérique n'est point un argument contraire à notre théorie: eux aussi, ont subi une pression — terme adopté également en stratégie militaire — et cette pression a entraîné une réaction de sens inverse. Si elle ne s'était pas produite *avec la nôtre,* c'eût été l'invasion à courte échéance de la Grande-Bretagne, comme aux temps anciens, mais cette fois par l'arrière-ban des Germains; bientôt après, c'eût été celle des Etats-Unis, le flot tendant à progresser toujours de l'est à l'ouest; le flux a été suivi d'un reflux pour l'instant salutaire, mais qui, pour la paix du monde ne devra être suivi d'aucun nouveau flux, d'aucun autre raz de marée sanglante, si l'on sait écouter la voix de la Science et celle-là seulement.

Imaginez une foule qui se presse vers un guichet : si la poussée devient gênante, les plus près du but se retournent contre ceux qui poussent pour y arriver et les coups suivent souvent de près les objurgations. Cela ne peut-il être évité dans l'avenir? C'est ce que nous verrons bientôt.

Mes prévisions, publiées en 1916, n'étaient nullement des pressentiments: elles étaient fondées sur la connaissance des lois naturelles à la recherche et à l'enseignement desquelles j'ai consacré toute ma vie depuis mon adolescence, je pourrais même dire depuis mon enfance.

Tout être vivant, tout fragment d'un organisme vivant, de substance vivante ou bioprotéon, répond à une action quelconque exercée sur lui par une réaction de même nature ou de nature différente: Telle est la loi de l'*irritabilité physiologique.* Cette notion capitale avait besoin d'être complétée et étendue. C'est à quoi je me suis appliqué dans mes études sur ce que j'ai appelé la *biocinèse,* qui montrent bien nettement que la mécanique biologique n'est, comme nous l'avons dit, qu'un chapitre de la mécanique générale (1).

---

(1) La réaction motrice à un mouvement peut être interne, intracellulaire, intramoléculaire, atomique, ionique, électronique et alors échapper à l'observation directe: C'est ce que je nomme *intrabiocinèse.* La réaction motrice peut être extériorée sous forme de déplacements, de mouvements ondulatoires ou autres; chaleur, lumière, électricité, motricité: il s'agit alors d'*extrabiocinèse.* Ces deux sortes de *biocinèse* sont corrélatives dans tout bioprotéon.

1° Quand l'organisme ou fraction d'organisme manifeste une réaction ondulatoire ou autre, par exemple de translation, de direction,

Il n'y a aucune raison de prétendre que des lois qui commandent aussi bien à une infime parcelle de substance vivante, à un animal microscopique, à un végétal qu'à un Homme, ne soient pas applicables à des groupes d'Hommes, à des collectivités humaines, sociales ou nationales, et c'est pourquoi j'ai voulu montrer que *les questions de guerre ou de paix sont avant tout du ressort de la biologie scientifique et non le fait de la diplomatie empirique.* Les diplomates nous font l'effet de ce qu'étaient les alchimistes avant qu'il y eût des chimistes. Je ne vais pourtant point jusqu'à dire, avec Balzac : « Diplomatie, science de ceux qui n'en ont aucune et qui sont profonds comme le vide ». Mais le progrès exige que les diplomates cèdent le pas aux biologistes ou, tout au moins, qu'ils les appellent en consultation.

L'observation nous avait enseigné que depuis les temps préhistoriques jusqu'à ces jours tragiques que

---

en sens contraire de celui du mouvement excitateur; c'est l'*anticinèse* :

2° Si le mouvement réactionnel est de même sens que le mouvement excitateur : c'est l'*homocinèse* :

3° Le mouvement réactionnel peut exister sans être apparent: il y a alors *acinèse* compensatrice.

Dans nos expériences, l'anticinèse se produit quand la puissance de réaction l'emporte sur la puissance d'excitation. Dans l'acinèse compensatrice, il y a égalité, état d'équilibre. L'homocinèse se manifeste soit quand l'action excitatrice l'emporte en puissance sur la réaction anticinétique ou bien que cette dernière a été usée par une action trop prolongée ou affaiblie par des causes de fatigue surajoutées : intoxication par exemple, et, d'une manière générale, par toutes les influences abiotiques. S'il s'agit d'organismes en lutte, l'action cinétique de l'adversaire peut diminuer sous les mêmes influences que dans le cas précédent.

La réaction anticinétique rotatoire peut être inhibée partiellement ou complètement par une action anticinétique de sens contraire d'une nature différente et même complètement inversée, celle d'un courant électrique par exemple.

L'action simultanée de deux actions de sens différents peut aussi donner lieu à une résultante vectorielle. Il peut arriver également qu'au premier choc il y ait recul homocinétique momentané suivi d'une réaction anticinétique indiquant une sorte de période latente de préparation ou de réparation.

V. C. R. de la *Société de Biologie*. Séance du 27 avril 1918.

nous venons de vivre, il s'est exercé sur notre pays une pression continue causée par de grands courants humains qui, périodiquement, brisent les digues élevées pour leur barrer le chemin et inondent de sang les pays envahis et que les plus grands, les plus puissants, les plus persistants, les plus redoutables pour nous sont dirigés de l'Orient vers l'Occident, en sens inverse de la rotation de la Terre. La pression est continue, progressive et ses manifestations périodiques disruptives sont dans un rapport intime, comme nous savons, avec les variations maximales magnéto-électriques du globe.

L'expérience, à son tour, nous prouve que de tels phénomènes ne sont pas le fait du hasard, mais du jeu d'une ou plutôt de plusieurs lois naturelles. Le *raisonnement* va nous montrer maintenant comment, au lieu de s'exposer aux sanctions implacables et terribles parfois, qui résultent de la méconnaissance des lois naturelles, on peut apprendre à s'en servir en leur obéissant. Souvenons-nous aussi de cette vue profonde d'Elisée Reclus : « C'est l'observation de la Terre qui nous « explique les événements de l'Histoire, et celle-« ci nous ramène à son tour vers une étude plus approfondie de la Planète, vers une solidarité plus « consciente de notre individu, à la fois si petit et si « grand, avec l'immense Univers. » (*La Terre et l'Homme*, p. IV).

## VII

Les temps des vaines ou fallacieuses palabres et des déclamations sentimentales sont périmés (1). La *diplomatie à ciel ouvert*, la seule qui puisse être honnête et scientifique, va remplacer la néfaste diplomatie secrète. Appliquons-nous à ne tromper personne si nous ne voulons pas être trompés à notre tour. Allons droit au but, soyons francs.

---

(1) Nos alliés ont compris que c'en était fait de leur liberté si la France était écrasée. Les peuples comme les individus obéissent, plus ou moins heureusement à l'instinct de conservation: voilà tout!

Il faudrait être fou pour entreprendre de faire refluer les fleuves vers leur source ou simplement de les empêcher de couler vers la mer. Sont-ils bien sensés ceux qui clament sans cesse qu'il faut « embouteiller l'Allemagne », « encercler l'Europe centrale », arrêter ou refouler les grands courants humains vers l'Orient?

Après tout ce que nous savons, serait-il raisonnable que l'Angleterre, par exemple, voulut s'annexer des territoires sur la partie occidentale du Continent, que la France songeât à conquérir la Westphalie, la Hesse, le Grand Duché de Bade, le Wurtemberg ou la Bavière? Evidemment, personne n'y songe, car ce serait le moyen le plus propre à préparer de nouvelles explosions violentes, des avalanches sanglantes. Ne serait-ce pas de parti-pris vouloir alimenter ces fontaines intermittentes de sang que sont les guerres ?

Tout esprit de conquête par la violence ne peut hanter encore qu'une nation de proie. Les peuples vraiment civilisés songent, avant tout, à conquérir leur liberté et celle des Hommes qui les composent, à choisir librement, sans contrainte matérielle ou morale, la nationalité préférée. Mais le respect dû à ces hautes pensées humanitaires ne doit pas nous détourner de songer au salut de notre propre nation, à la défense de nos libertés, si chèrement acquises. Après la victoire, nous devons exiger des garanties puissantes contre les invasions sauvages qui, par le fer et par le feu, n'ont cessé de ronger l'ancien domaine des Gaulois, lequel s'étendait jadis jusqu'au Rhin.

A lui seul, l'empereur Julien l'Apostat a dû rejeter jusqu'à cinq fois les Alamans de l'autre côté du fleuve, reconstruire les nombreuses villes ou villages qu'ils avaient incendiés, comme font encore en ce moment leurs successeurs, que la fameuse « Kultur » semble n'avoir modifiés qu'en surface. Il ne vînt à bout des envahisseurs qu'en remportant sur eux la bataille décisive d'Argentina. La petite ville qui portait alors ce nom, devait plus tard être dénommée Stratburg par les Francs, puis, plus tard, Strasbourg, des deux mots de haut allemand *Strat* grand chemin et *burg* ville. Combien est pour nous suggestive cette dénomination. Il ne faut plus que la capitale de l'Alsace soit un *grand chemin* et cet exemple, à lui seul, suffit à nous montrer que, déjà dans l'antiquité, le Rhin n'était pas un obstacle aux invasions. Les fleuves, d'ailleurs, ne sont pas comme les montagnes des frontières naturelles : ce sont des routes qui marchent, comme on l'a si bien dit. Bientôt le Rhin va constituer un merveilleux chemin conduisant, par sa jonction avec le Rhône, de la Mer du Nord à la Méditerranée. Non seulement le Rhin ne pourrait nous protéger, même si nous récupérions sa rive gauche, mais il a besoin lui-même d'être protégé. Il serait aussi absurde d'en confier la garde à une nation de proie — *Germani ad prœdam* — que de demander à des contrebandiers de combattre la fraude. Il ne serait même pas plus logique de laisser la rive droite aux Germains et la gauche aux Français. A chaque instant, la sécurité de cette grande et vivifiante artère serait compromise. Tous les avantages seraient d'ailleurs du côté de la Germanie ; la rive droite est escarpée sur un long parcours, les hauteurs qui la bordent sont encore hérissées des ruines de nombreux châteaux-forts, qui dénotent son importance stratégique. Actuellement, de grands centres très fortifiés, des têtes de pont où aboutissent de nombreuses lignes et routes stratégiques, s'échelonnent depuis la frontière de la Suisse jusqu'à celle de la Hollande. Il y aurait là, pour nous Français, un danger permanent. On pourrait en dire autant de l'internationalisation du Rhin. Le rattachement de l'Alsace à la France n'est pas une annexion, mais le contraire, c'est-à-dire une *désannexion*, son retour à la mère patrie ne saurait tarder maintenant. Mais je tiens à vous faire remarquer de suite que du côté de l'est, c'est toujours une porte ouverte aux invasions barbares, « un grand chemin », comme au temps des Francs. Notre pays est encore moins bien défendu du côté des provinces rhénanes et, que ne peut-on craindre d'un réveil, toujours possible, du pangermanisme, peut-être même du panslavisme, sans compter les autres « panphagismes » de l'avenir ? Vous ne voulez pas d'*annexion*. et pourtant vous voulez être protégés en vue d'une *paix durable* : je ne vois qu'un moyen pratique, c'est un protectorat comprenant les pays de la rive gauche et une large bande dè la rive droite du Rhin, plus facile à défendre. On pourrait, d'ailleurs, laisser aux habitants de ces contrées la plus large autonomie, comme les Allemands avaient, prétendaient-ils, projeté de le faire pour l'Alsace-Lorraine. Peut-être même, que si l'on consultait les indigènes sur la nationalité qu'ils préféreraient, ils choisiraient la France, ne fût-ce que parce qu'il y a toujours plus d'avantages à être associé avec des créanciers qu'avec des débiteurs et que les charges seront lourdes et prolongées pour la réparation des ruines et des dommages de toute nature stupidement accumulés par les Allemands et leurs alliés. Mais ce n'est pas avant longtemps qu'il sera possible, malgré les sympathies que manifestaient encore il y a un siècle ces populations mélangées de Celtes et de Germains pour la France, d'en faire des citoyens de notre République: il faudrait que le temps eût lavé bien des choses. C'est donc encore pour ce motif que le protectorat, et le protectorat seulement, s'impose. Il devra rester un instrument de défense stratégique, militaire, aussi longtemps que nous pourrons douter de la sincérité de ceux pour qui les traités, les plus solennellement consentis, ne sont, en réalité, que des « chiffons de papier ». Nous ne pouvons donc nous contenter de cela. Il nous faut des garanties et des indemnités matérielles pour les dommages incalculables qui nous ont été causés: nous ne serons jamais assez prudents, ni assez exigeants. Il y a des leçons du passé, sans parler de celles du présent, que nous ne devons pas oublier. Les Allemands ont été nos alliés: au plus fort de la bataille de Leipzig, les Saxons ont tourné leurs canons contre nous et en décembre 1812, le général prussien York passait brusquement avec tout son corps d'armée du côté des Russes. Bientôt le

général de Bulow devait suivre son triste exemple.
Tant et de telles félonies ne sont pas faites pour ins-
pirer de la confiance.

Est-ce à dire pour cela que nous devions élever une
cloison étanche entre l'Allemagne et la France. Un
semblable dessein serait en flagrante opposition avec les
principes que je me suis appliqué à défendre devant
vous. Si l'on ne doit pas chercher à arrêter le cours
d'un fleuve, on peut, en se servant des lois naturelles, de
celles de l'hydrostatique et autres, régulariser son cours,
prévoir les crues périodiques, les débordements néfastes
et violents, y remédier en élargissant et approfondissant
son lit, en élevant des quais, et même en construisant
des barrages à écluses, à vannes plus ou moins mobiles,
enfin, en établissant des canaux de dérivation, des dé-
versoirs pour les eaux, des colonies pour les peuples. (1)
C'est de cette manière qu'il faut agir pour avoir une
*paix durable,* qui mettra fin aux inondations sanglantes et périodiques, à ces luttes par le fer et par le feu,
qui sont la honte de l'Humanité, la confusion de la
raison. L'*émigration pacifique,* régulière, continue, doit
remplacer les irruptions tumultueuses et violentes, les
invasions brutales: les fleuves humains doivent suivre
paisiblement leur cours, sans quoi, il faudra renoncer
à ce grand idéal. philanthropique qu'est la *Société des
Nations* et la *Liberté des peuples.*

Comme complément nécessaire au protectorat rhénan, il faudra obtenir du *Congrès de la Paix* la *Liberté
absolue des mers,* sans laquelle nous ne pourrons jamais en finir avec les hégémonies maritimes et terres-
tres, ce qui est, en réalité, tout un, c'est-à-dire avec
le *militarisme* outrancier et oppresseur. C'est par la
mer que s'est faite la grande émigration pacifique de
l'Europe vers l'Amérique; c'est par elle que doit s'ef-
fectuer la grande *circulation mondiale,* telle que la
veut la Science, fidèle interprète du code des lois de
la Nature. L'émigration pacifique, c'est la soupape de
sûreté des peuples comprimés.

« Circulez! Circulez! pas d'attroupements!»: tel doit

---

(1) Les Romains avaient bien établi même un barrage transrhénan
mais le complément indispensable faisait défaut.

être le mot d'ordre de la police mondiale représentée par une flotte internationale : *QUI TIENT LA MER, TIENT LA TERRE.*

On a parlé pour les provinces rhénanes d'un « *état tampon* », neutre et indépendant, placé sous la garantie des traités. On n'obtiendrait ainsi qu'une fausse sécurité, comme celle que nous avait donné la Belgique et qui nous empêcha malheureusement de fortifier, comme il aurait convenu, notre frontière du Nord. La leçon a été sévère pour tous, qu'elle soit donc profitable !

Nous le répétons, le protectorat rhénan, tel que nous devons l'exiger, ne doit pas être une cloison étanche entre l'Europe centrale et la France : les échanges et les relations entre ces deux parties du Continent, puis entre elles et le reste du monde, ne pourraient être indéfiniment suspendues sans grand dommages pour le progrès et pour l'Humanité, pour le bien-être surtout de la France. Ce que nous voulons, c'est un organe régulateur, modérateur, épurateur, un filtre ethnique, pourrait-on dire, qui n'empêche pas la circulation et, par là, s'oppose aux congestions et aux hémorrhagies. Depuis Menenius Agrippa et probablement avant, on a souvent comparé le fonctionnement des sociétés et des peuples à celui du corps humain. Eh bien ! dans ce dernier, sur le trajet de la circulation, se trouvent échelonnés des organes, dont le rôle et la fonction sont analogues à ceux que nous concevons pour notre protectorat rhénan. C'est du bon équilibre entre la nutrition de tous nos organes que dépend la santé et aussi la bonne mentalité : « *Mens sana in corpore sano* », le bonheur enfin ! Rien de tout cela ne saurait exister si, en quelque région que ce soit de l'organisme mondial, il y avait souffrance ; si la circulation est entravée, ou, par à-coups, emballée, c'est l'anémie ou la fièvre, la maladie et souvent la mort.

D'ailleurs, avec l'*embouteillage* et l'*encerclement*, ou seulement sans la liberté des mers, comment l'Europe centrale pourrait-elle se nourrir et travailler pour payer ses dettes. Nous Français, ses principaux créanciers, nous serions ruinés avec nos débiteurs, et c'est ce qu'il faut empêcher par la libre circulation pacifique des peuples.

Inspirons-nous toujours des lois de la Nature; elles sont plus simples et beaucoup plus générales qu'on ne le soupçonne communément et n'oublions pas que la sociologie, nationale ou internationale, n'est qu'une branche de la biologie, c'est-à-dire de la mécanique générale.

Notre protectorat rhénan doit être un terrain d'entente, de conciliation des intérêts et plus tard, peut-être, de réconciliation ou de sélection entre Celtes et Germains. Ce serait alors pour les meilleurs et les plus repentis, une sorte d'antichambre, de purgatoire, permettant l'accès individuel et discret de l'Eden occidental, où ils cesseraient d'être des « indésirables »; mais le « *Nach Paris* ! » ne doit plus être ni un cri de haine, ni un cri de guerre, d'appel au brigandage.

Il ne faudrait pas non plus que l'émigration pacifique ne fût qu'une invasion déguisée.

Telle qu'elle s'effectue sous nos yeux de l'Italie vers la Provence, c'est-à-dire de l'est à l'ouest, l'émigration n'effraye personne et la coopération des Italiens avec les Français a été aussi utile dans la paix et aussi appréciée qu'elle l'a pu être dans la guerre. Cela n'exclue pas le désir légitime de conserver les clefs et la propriété de la maison.

Vous voyez que mon programme de *Paix par la Science* s'accorde fort bien avec celui de mon collègue universitaire devenu Président des Etats-Unis, M. le professeur Wilson. Je puis même affirmer, sans outrager la vérité, que j'ai le mérite de la priorité pour ses bases fondamentales tout au moins. En 1916, à une époque où l'Amérique était strictement neutre, — même plutôt pacifiste — j'avais adressé au grand philanthrope qui paraît appelé à être le principal arbitre des destinées du Monde, une brochure intitulée : « LES ORIGINES NATURELLES DE LA GUERRE, *influences cosmiques et théorie anticinétique,* LA PAIX PAR LA SCIENCE (1).

Permettez-moi seulement de vous en citer quelques lignes:

« Il est nécessaire dès maintenant, de se mettre en « garde contre les combinaisons qui, après la crise ter-

---

(1) Chez GEORG, libraire éditeur. passage de l'Hôtel-Dieu, Lyon.

« rible que nous traversons, pourraient en préparer de
« semblables pour l'avenir.

« Les nations sincèrement pacifiques, qui entendent
« vivre librement de leur travail et de relations commer-
« ciales honnêtes, doivent sans retard *se liguer étroite-*
« *ment* contre celles qui veulent vivre, s'accroître, pros-
« pérer par l'asservissement des autres, par le .brigan-
« dage, le pillage ou simplement par l'accaparement
« économique préparé au moyen de la force et de la
« ruse, d'où qu'il vienne.

« Les moyens propres à assurer le libre exercice de
« l'anticinèse pacifique doivent être étudiés avec le
« plus grand soin. La sagesse consistera à favoriser son
« action bienfaisante et aussi à prévoir et empêcher
« les abus dont elle pourrait être le prétexte.

« L'émigration pacifique est un phénomène biolo-
« gique normal, physiologique. L'invasion relève, bio-
« logiquement, sociologiquement de la criminalité pa-
« thologique. Les fauteurs d'invasion, bien qu'irrespon-
« sables, à cause de leur ignorance, n'en doivent pas
« moins être recherchés et poursuivis comme coupables
« ou comme complices des crimes qu'ils auront commis
« ou provoqués en territoire étranger. Ils seront jugés
« suivant les lois du pays envahi et y subiront leurs
« peines. Il ne saurait être question de punition ou de
« *représailles,* mais simplement d'un épouvantail destiné
« à décourager les imitateurs éventuels et d'une juste
« indemnité qui s'impose.

« Il s'agit d'une question fondamentale: toutes les
« autres, le principe que nous défendons étant admis,
« seront faciles à résoudre logiquement, telles que les
« *modifications de frontières, les relations économiques*
« *internationales,* la *Liberté des mers,* etc., etc.

« Nous ne pourrons avoir une paix durable que par
« la Science, mais en dehors d'elle, point de salut! et
« ce serait folie que de s'en rapporter encore une fois
« *exclusivement* à des joueurs attablés autour du tapis
« vert de la diplomatie. »

Non seulement l'histoire nous montre que la « raison
d'état » s'est trop souvent montrée inférieure à la raison pure et simple, mais encore combien sont dange-
reuses pour la sécurité des peuples les intrigues, les
tractations confidentielles, les mensonges et parfois même les faux de la diplomatie secrète.

Quelle confiance peut-on avoir dans les pratiques suivies jusqu'à présent par la diplomatie? D'aucuns n'ont-ils pas prétendu que la loyauté n'est pas ordinairement compatible avec les intérêts respectifs des nations en conflit, que l'astuce, l'espionnage, la trahison et la félonie sont des armes particulièrement recommandables pour le règlement des affaires humaines? Outre que cela est immoral, je crois que cette mentalité est inconciliable avec celle de l'Homme de science et ne peut conduire qu'à l'incohérence, au désordre et aux pires catastrophes.

Hier encore, nous étions alliés avec les Russes et les Anglais contre les Turcs et, pour la guerre de Crimée, avec les Turcs et les Anglais contre les Russes; à Waterloo, les Anglais combattaient avec les Prussiens et les Belges contre nous; en 1812, nous avions pour alliés les Saxons et les Prussiens qui, d'ailleurs, nous trahirent en pleine bataille, En vérité, je ne regrette pas d'avoir écrit que si des particuliers traitaient entre eux leurs affaires comme font les nations, il faudrait les enfermer. Pourtant, cette pitoyable incohérence, c'est l'histoire de tous les temps. La vieille diplomatie en est encore au point où était l'alchimie avant la création de la chimie scientifique, elle obéit au plus grossier des empirismes. Les nefs des états, sans cartes ni boussoles, conduites parfois par des pilotes ignares ou criminels, ne savent pas éviter les écueils et s'entre-choquent au sein des tempêtes humaines avec fracas, engloutissant des millions d'hommes et des richesses inouïes. La diplomatie n'est pas scientifique; les diplomates font sans doute pour le mieux, comme les médecins, mais ils ne sont pas rompus, comme il conviendrait, à la méthode scientifique. A des situations nouvelles, comme celles que cette guerre mondiale, sans précédents, a créées, il faut des méthodes nouvelles, plus générales, plus scientifiques que celles du passé. L'heure est solennelle! Que les représentants attitrés des nations songent aux formidables responsabilités qui vont peser sur eux et sur leur mémoire; qu'ils ne négligent aucune précaution pour se mettre à l'abri de l'erreur. Malédiction universelle et éternelle à ceux qui se seront trompés ou auront trompé !

Encore une fois, l'heure est solennelle! que tous

ceux qui veulent le bien de l'Humanité et celui de la France, s'unissent étroitement. Agissons! les Français ont le droit de parler haut au *Congrès des Nations.* Il n'est plus de saison de les considérer, comme on le faisait volontiers hier encore, par delà les mers, comme « une nation de petits vieillards bien sages »; on a pris trop souvent notre amour de la paix, notre réserve, notre prudence, notre recueillement pour de la timidité ou de la crainte, nos vertus ou nos qualités pour défauts et parfois pour des vices.

Soyons pour la *Paix mondiale* ce que nous avons été dans la *guerre mondiale* et c'est le moment ou jamais de répéter l'immortelle parole du révolutionnaire Danton: « Français! de l'audace, encore de « l'audace et toujours de l'audace! ».

*(Des applaudissements prolongés ont souligné la péroraison du Conférencier).*

———•O•———

*Nota.* — Dix jours après cette conférence, la France accueillait avec enthousiasme les conditions de l'armistice. Celles-ci comprenaient l'occupation militaire de la rive droite du Rhin, conformément à notre thèse, que l'on avait jugée d'abord trop audacieuse et même irréalisable.

D'après l'article 10 des préliminaires de la paix, l'occupation actuelle serait, dit-on, maintenue. Peut-être même faudra-t-il l'étendre et la fortifier en raison du danger anticinétique russo-germanique, lequel, d'autre part, forcera probablement le Japon à marcher de nouveau vers l'Occident slave. En tous cas, notre théorie cosmique de la guerre aura permis de prévoir et d'expliquer les événements en fournissant des indications qui se sont pour ainsi dire réalisées automatiquement. Celles-ci pourraient en fournir encore de capitales pour l'avenir. Aussi ne cesserons-nous pas de réclamer la création d'*Instituts* où les questions relatives à la Paix et à la Guerre, seraient étudiées par la méthode scientifique (1).

Tous les fléaux de l'Humanité sont étudiés et combattus scientifiquement ; pourquoi en excepter le plus hideux de tous: la Guerre?

En attendant, veillons!.. sur la rive droite du Rhin !

---

(1) Voir mon *Discours de la rentrée solennelle des Facultés de l'Université de Lyon,* 1904 et les comptes rendus de l'*Association Française pour l'Avancement des Siences,* 1914.

Du même auteur, sur **LA PAIX ET LA GUERRE**

LES ORIGINES NATURELLES DE LA CONFLAGRATION EUROPÉEN-
NE, *in* Revue illustrée *La Science et la Vie*, numéro du
15 Juillet 1916, chez tous les libraires, et à Paris, 18, rue
d'Enghien.                                        Le fascicule 1 fr. 50

LES ORIGINES NATURELLES DE LA GUERRE, influences cosmiques et théorie anticinétique : *la Paix par la Science*.
Chez Georg, libraire-éditeur, passage de l'Hôtel Dieu, 36-38,
à Lyon, et Corraterie, 10, à Genève . . . Le fascicule 1 fr.

LES INFLUENCES DU MILIEU COSMIQUE SUR LES MANIFESTATIONS
DES ÊTRES VIVANTS. *Essai de Mécanique biologique et
sociologique*, Leçons professées à la Faculté des Sciences de
l'Université de Lyon. 2me semestre, 1918, et LA BIOLOGIE
DE LA PAIX ET DE LA GUERRE (en préparation).

LA CRÉATION DE L'ÊTRE VIVANT ET LES LOIS NATURELLES.
Discours d'ouverture de la rentrée solennelle des Facultés
de l'Université de Lyon, *in Bulletin de l'Université de
Lyon*, 1905.

LA PAIX PAR LA SIENCE, in *La Paix par le Droit, Revue de
la Paix*, 24, rue Pierre-Curie, Paris, et, 10, rue Menjardin,
à Nîmes fasc. de Juillet 1905, et *Lyon Universitaire*, 1906.

CONFÉRENCE SUR LA PAIX PAR LA SCIENCE au Congrès pacifiste de Lyon. Compte rendu in *La Paix par le Droit*, fascicule 10, 25 Juillet 1914.

LA VIE ET LA LUMIÈRE (3e partie : voir Action physiologique
des radiations paraoptiques). Bibliothèque internationale.
Chez Félix Alcan, libraire-éditeur, 108, boulevard Saint-
Germain, Paris.

NÉCESSITÉ ET URGENCE DE LA CRÉATION D'INSTITUTS POUR
L'ÉTUDE PAR LA MÉTHODE SCIENTIFIQUE DES QUESTIONS RELA-
TIVES AU PACIFISME. Voir volume des *Comptes rendus de
l'Association française pour l'Avancement des Sciences*.
Congrès du Havre, 1914. 28, rue Serpente, à Paris.

LA PAIX PAR LA SCIENCE ET LE PROTECTORAT RHÉNAN. Chez
Mouton & Combe, imprimeurs-éditeurs à Toulon et *Bulletin
de l'Académie du Var*, 1918.

9 782329 657257